BEI GRIN MACHT SICH IHR WISSEN BEZAHLT

AF131151

- Wir veröffentlichen Ihre Hausarbeit, Bachelor- und Masterarbeit

- Ihr eigenes eBook und Buch - weltweit in allen wichtigen Shops

- Verdienen Sie an jedem Verkauf

Jetzt bei www.GRIN.com hochladen und kostenlos publizieren

Bibliografische Information der Deutschen Nationalbibliothek:

Die Deutsche Bibliothek verzeichnet diese Publikation in der Deutschen National-bibliografie; detaillierte bibliografische Daten sind im Internet über http://dnb.d-nb.de/ abrufbar.

Impressum:

Copyright © 2015 GRIN Verlag, Open Publishing GmbH
Druck und Bindung: Books on Demand GmbH, Norderstedt Germany
ISBN: 9783668420762

Dieses Buch bei GRIN:

http://www.grin.com/de/e-book/356233/mediengestaltung-deutsche-nachrichten-sendungen-im-vergleich

Anonym

Mediengestaltung. Deutsche Nachrichtensendungen im Vergleich

GRIN Verlag

GRIN - Your knowledge has value

Der GRIN Verlag publiziert seit 1998 wissenschaftliche Arbeiten von Studenten, Hochschullehrern und anderen Akademikern als eBook und gedrucktes Buch. Die Verlagswebsite www.grin.com ist die ideale Plattform zur Veröffentlichung von Hausarbeiten, Abschlussarbeiten, wissenschaftlichen Aufsätzen, Dissertationen und Fachbüchern.

Besuchen Sie uns im Internet:

http://www.grin.com/

http://www.facebook.com/grincom

http://www.twitter.com/grin_com

Einsendeaufgabe

In:

Mediengestaltung

Abgeschickt am 05. Januar 2015
SRH FernHochschule Riedlingen

Modul: Mediengestaltung
Studiengang: Medien- und Kommunikationsmanagement

Medien- und Kommunikationsmanagement

Inhaltsverzeichnis

Abbildungsverzeichnis

Tabellenverzeichnis

Einleitung

Um Informationen über das aktuelle Tagesgeschehen zu erhalten, stehen den Informationssuchenden verschiedene Quellen zur Verfügung. Um den Informationshunger zu stillen helfen Zeitungsartikel, Radiobeiträge und Fernsehsendungen. Durch das Internet wird der Hunger immer öfter online getilgt. Die Quellenauswahl hat sich in den vergangenen Jahren vergrößert und die Anzahl der Konkurrenz ist gestiegen. Doch laut einer Umfrage von IfD Allensbach[1], vertritt der Fernseher (und somit die Nachrichtensendungen) noch immer Platz eins, als meist genutzte Informationsquelle für aktuelle Tagesgeschehnisse. 2014 gaben 44,81 Prozent der ab 14 jährigen Befragten an, das Fernsehen als Informationsquelle zu nutzen. Gefolgt von der Zeitung mit 29,49 Prozent und an dritter Stelle das Radio mit 23,6 Prozent. Fast 15 Prozent der Befragten gaben an, das Internet als Nachrichtenquelle zu nutzen. Zwar rückt das Internet als Informationsquelle für aktuelle Tagesgeschehnisse immer näher, stellt jedoch mit 25 Prozent Differenz zum Fernseher noch keine Bedrohung dar. Diese Einsendeaufgabe befasst sich mit den Nachrichten-formaten die sich im deutschen Fernsehprogramm als tägliche Informations-quellen etabliert haben. Die Formate werden nachfolgend anhand verschiedener Kriterien verglichen. Zunächst einmal ein Profil-Vergleich der Formate.

	Tagesthemen	heute-journal	RTL Aktuell	Sat1 Nachrichten
Sender:	ARD	ZDF	RTL	Sat 1
Beginn:	21:45, 22:15, 22:45 Uhr	21:45 Uhr	18:45 Uhr	19:55 Uhr
Dauer:	15, 20 oder 30 min	30 min	20 min	20 min
Seit:	1978	1978	1988	1985

Tabelle 1: Profile der Nachrichtensender im Vergleich[2]

Die Gegenüberstellung der Profile zeigt, dass die öffentlich rechtlichen Sendungen bis zu 10 Jahre vor den Sendungen der privaten Sender starteten. Diese Erkenntnis

---

[1] IfD Allensbach: „Allensbacher Markt- und Werbeträger-Analyse – AWA 2014". Juli 2014.
[2] **Tabelle 1**: Profile der Nachrichtensender im Vergleich (Quellen: www.ard.de, www.zdf.de, www.rtl.de, www.sat1.de)

ist jedoch nicht verwunderlich, wenn die öffentlich rechtlichen Sender gingen ganze 20 Jahre früher „on-Air"als die privaten. Das „heute journal" sendet mit täglich 30 Minuten Sendelaufzeit bis zu 10 Minuten länger als die restlichen Konkurrenzformate. Die Sendezeiten sind zwar bei allen vier Formaten unterschiedlich, jedoch beginnen alle erst am frühen oder späten Abend.

In wieweit sich die Formate inhaltlich und gestalterisch unterscheiden, werden die nachfolgenden Ergebnisse der Einsendeaufgaben verdeutlichen.

1. Aufgabe A 1

1.1 Inhalte und Themenschwerpunkte der Sendungen

Zu Beginn werden die Inhalte und Themenschwerpunkte der vier Nachrichten-sendungen vergleichen und beurteilt. Für eine direkte Gegenüberstellung wurden die Sendungen vom **27.10.2014** inhaltlich und gestalterisch dokumentiert und verglichen[3]. Die folgenden Tabellen helfen die Themen-schwerpunkte und Kurznachrichten der vier Sendungen zu vergleichen und die Gemeinsamkeiten herauszufiltern. In den beiden untenstehenden Tabellen wurden zunächst nur die Themenschwerpunkte und Kurznachrichten aufgelistet, die mindestens in zwei Nachrichtensendungen thematisiert wurden. Alle thematisierten Beiträge sind in der **Tabelle 4** aufgelistet.

Anhand der **Tabelle 2** wird die Ähnlichkeit zwischen „RTL Aktuell" und den „Sat1 Nachrichten" hinsichtlich der Themen erstmals deutlich. Beide Sendungen haben die Gewichtungen der Themenschwerpunkte beinahe übereinstimmend gewählt, wobei auch die „Tagesthemen" und das „heute journal" die Themenschwerpunkte halbwegs in die gleiche Richtung lenkten.

---

[3] Mediatheken der Sender

	Tagesthemen	Heute Journal	RTL Aktuell	Sat1 Nachrichten
Krawalle in Köln	✓	✓	✓	✓
Wahlen in der Ukraine	✓	✓	✓	✓
Flüchtlingskrise	✗	✗	✗	✓
Bewährungsstrafe für Todesschützen	✗	✗	✓	✓

Tabelle 2: Schwerpunkte der Nachrichtensendungen im Vergleich[4]

	Tagesthemen	Heute Journal	RTL Aktuell	Sat1 Nachrichte
Überfall in Nigeria	✓	✓	✗	✓
Proteste in Ungarn	✗	✓	✓	✗
Wahlen in Ukraine	✗	✓	✓	✓
Geschäftsklimaindex	✗	✓	✓	✓
Ebola	✗	✗	✓	✓
Torwart erschossen	✗	✓	✓	✓
Bewährungsstrafe für Todesschützen	✗	✗	✓	✓
Kinox.to	✗	✗	✓	✓

Tabelle 3: Kurznachrichten der Sendungen im Vergleich[5]

Auch hier ist die Übereinstimmung der Themen von „RTL Aktuell" und den „Sat1 Nachrichten" unübersehbar.

Wie bereits erwähnt folgt in **Tabelle 4** eine ausführliche Auflistung der verschiedenen Themenschwerpunkte und Kurznachrichten der vier Nachrichtensendungen im Überblick. Durch die Übersicht ist schneller und einfacher heraus zu lesen, welche

---

[4] **Tabelle 2**: Schwerpunkte der Nachrichtensendungen im Vergleich (Quellen: Mediatheken der Sender)
[5] **Tabelle 3**: Kurznachrichten der Sendungen im Vergleich (Quellen: Mediatheken der Sender)

Sendung, welchen Themen besondere Bedeutung schenkten. So machte beispielsweise „RTL Aktuell" die Meldung „Bewährungsstrafe für Todesschützen" zum Themenschwerpunkt wobei die „Sat1 Nachrichten" die Meldungen zu den Kurznachrichten packte. Die anderen beiden Sendungen hatten die Neuigkeit nicht einmal gemeldet. Ebenso auffällig ist die Tatsache, dass neben den politischen und wirtschaftlichen Themen jede Sendung ein etwas „leichteres" Thema oftmals „Kulturelle Beiträge", zu den Themenschwerpunkten aufnahm. Beiträge wie „Die Wiederentdeckung verschollener Partituren" oder die Filmvorstellung „Zwei Tage, eine Nacht" im „heute journal" wurden zwar informativ gestaltet, sind jedoch im Vergleich leichtere Kost zum verdauen und gleichen die zum Teil negativen Nachrichten aus.

	Tagesthemen	Heute Journal	RTL Aktuell	Sat1 Nachrichten
Schwerpunkte	• Krawalle in Köln • Wahlen in der Ukraine • Dschihadisten aus Jordanien • Wiederentdeck-ung verschollener Partituren	• Krawalle in Köln • Ukraine Wahl • Nigeria Boko Haram	• Krawalle in Köln • Bewährungs-strafe für Todesschützen • Kimi soll Leben	• Krawalle in Köln • Roskus gegen Arthrosen • Koffer Erfindung

Kurznachrichten			
• Überfall in Nigeria	• Proteste in Ungarn	• Proteste in Ungarn	• Wahl in Ukraine
• Wahlen in Tunesien	• Überfall in Nigeria	• Wahlen in den Ukraine	• Geschäftsklima-index
• Wahlsieg in Brasilien	• Prozess um Hypo Group Alpe Adria	• Überfall in Nigeria	• Flüchtlingskrise
• Ukraine Konflikt	• Gesetzentwurf zur Tarifeinheit	• Ebola	• Ebola
• Prozess um Hypo Group Alpe Adria	• Immer mehr Flüchtlinge	• Geschäftsklima-index	• Torwart Erschossen
• Prüfung Europäischer Banken	• Siedlungsbau in Ost-Jerusalem	• Bewährungs-strafe für Todesschützen	• Bewährungs-strafe für Todesschützen
	• Wahlsieg in Brasilien	• Kinox.to	• Kinox.to
	• Geschäfts-klimaindex	• Surfer in Cornwell gestorben	• Lavastrom in Hawai
	• Streik bei Amazon	• Streik bei Amazon	
	• Sport: 2. Bundesliga, 11. Spieltag	• Renten-erhöhung	
	• Berufung Urteil Pistorious	• Berufung Urteil Pistorious	
	• Torwart erschossen		
	• Filmvorstellung		

Tabelle 4: Schwerpunkte und Kurznachrichten der Sendungen im Vergleich[6]

Die bisherigen Tabellen und die daraus gewonnenen Erkenntnisse halfen bereits Themenbezogene Ähnlichkeiten bzw. Unterschiede zu erkennen und ein Gespür dafür zu bekommen, wie die unterschiedlichen Sendungen gepolt sind. Nun folgen Beurteilungen und Analysen über ausgewählte Beiträge, die entweder einen besonders positiven oder negativen Eindruck hinterließen.

---

[6] **Tabelle 4**: Schwerpunkte und Kurznachrichten der Sendungen (Quellen: Mediatheken der Sender)

„Die Tagesthemen" der ARD

Positive sowie Negative Bemerkungen zu bestimmten Inhalten und Schwerpunkten

---

Thema: Krawalle in Köln (Dauer: ca. 9 min)

Die Fakten werden genannt: 4000 gewaltfreudige in Köln, 49 verletzte Polizisten. Hierzu stellt Moderator Thomas Roth die Frage, „Hat die Polizei die gefährliche Mischung unterschätzt? Und wie lässt sich solche brutale Gewalt verhindern?". Nach den Aufnahmen der Demonstration folgen Interviews bzw. O-Töne eines deutschen Journalisten sowie vom NRW Innenminister der solche „Demonstrationen zukünftig verbieten" möchte. Anschließend schaltet Thomas Roth zum Bundesinnenminister nach Berlin und befragt ihn zu den Geschehnissen in Köln. Im Anschluss folgt ein s.g. „WDR Kommentar" von Udo Grätz mit der bitte „jetzt nicht noch Reflexhaft das Demonstrationsrecht in Frage zustellen oder gar alle glühenden Fußballfans zu Neonazis machen".

Positiv: Dieser Beitrag gehörte zu den Themenschwerpunkten der Sendung und wurde sehr gut gestaltet. Aufnahmen von der Demonstration wurden gezeigt und neben den eher sachlichen Aussagen vom Innenminister wurde zusätzlich ein Journalist nach seiner Einschätzung befragt. Außerdem war die Schaltung zum Bundesinnenmister nach Berlin sehr Interessant um zu erfahren wie er die Demonstrationen aufnahm und wie er zu den Gesetzesänderungen steht. Dadurch wurde dem Beitrag noch mehr Bedeutung zugeteilt. Der Kommentar von Udo Grätz zum Schluss war sehr erfrischend und ernüchternd.

Thema: „Die Wiederentdeckung der verlorenen Partituren" (Dauer ca. 3 Minuten). Dieser Beitrag wurde bereits von Beginn an in der Sendung anmoderiert und symbolisierte damit eins der Themenschwerpunkte der Sendung. Hauptsächlich handelte der Beitrag um die neue Interpretation verloren geglaubter Partituren. Das Augenmerk liegt bei der Sängerin und dem Orchestra welches sie durch den Beitrag begleitet.

Negativ: Dieser sehr kulturelle Beitrag passte nicht ganz zu den restlichen Themenschwerpunkten und nahm der Sendungen die Ernsthaftigkeit. Wohlmöglich war genau das die Absicht dahinter, doch das Thema harmonisierte nicht mit den anderen Themen der Sendung und schien vollkommen aus der Luft gegriffen. Doch diese Meinung ist natürlich eine rein persönliche Beurteilung. Wobei zu erwähnen ist, dass diese Themenwahl im Bereich „klassische Musik" eher an eine bestimmte Zielgruppe gerichtet war und nicht an die Allgemeinheit.

Das „heute-journal" von ZDF
Positive sowie Negative Bemerkungen zu bestimmten Inhalten und Schwerpunkten

Thema: Ifo-Geschäftsklimaindex (Dauer: ca. 2 min)

Neben der Neuigkeit, dass der Geschäftsklimaindex deutlich gesunken ist schaltet die Moderatorin zusätzlich zur Börsenexpertin Valerie Haller (Korrespondentin). Sie verdeutlicht anhand einer Grafik die „Kritik an der Bundesregierung" und führt auf, welche Faktoren zur Senkung des Geschäftsklimas führten.

Positiv: Die Schaltung zur Korrespondentin schenkt der Meldung zusätzlich an Bedeutung und leitet den Börsenteil der Sendung einwandfrei ein. Auch die direkte Ansprache der kritischen Punkte wirkt authentisch und stärkt den Bürger in seinem Empfinden.

Thema: Kurnachrichten (Dauer: ca. 3 Minuten) (für Inhalte, siehe **Tabelle 4**)

Negativ: Die Kurznachrichten der Sendung wirken eher lang als kurz, da das alleinige Augenmerk auf die Moderatorin gerichtet ist. Es werden weder Grafiken noch Bewegbilder gezeigt. Für Kurznachrichten ist es eigentlich üblich, dass diese durch uptempo Hintergrundmusik begleitet werden, möglichst kurz wirken und durch Bildmaterial anschaulich verpackt werden. Das war hier eindeutig nicht der Fall. Der Kurzblock wirkt eher zäh und unoriginell.

Thema: Filmvorstellung (Dauer: ca. 4 Minuten)

Claus Kleber leitet den letzten Beitrag der Sendung im Sitzen ein, was besonders locker wirkt und zum nachfolgenden Beitrag bestens anbietet. Es werden Ausschnitte aus dem Film „Zwei Tage, eine Nacht" sowie O-Töne und Interviews der mitwirkenden Schauspieler gezeigt.

Positiv: Wie bereits erwähnt, hatte jede Nachrichtensendung einen etwas leichter zu verdauenden Beitrag integriert. Meines Erachtens hat das „heute-journal" diese Balance aus Information und Leichtigkeit am besten umgesetzt. Die Geschichte des Films ist sehr Menschen nah und ein wahres Problem der heutigen Gesellschaft.

„RTL Aktuell" von RTL
Positive sowie Negative Bemerkungen zu bestimmten Inhalten und Schwerpunkten

---

Thema: „Surfer in Cornwell gestorben" (Dauer ca. 25 Sekunden)
Die wesentlichen Daten und Fakten zum Ereignis werden in einem Kurzbeitrag erwähnt und Aufnahmen vom Strand von Cornwell gezeigt.

Negativ: Dieser Beitrag schien mir für eine nachhaltige Nachrichten-Meldung zu kurz. Solch ein kurzer und internationaler Beitrag gehört in den Kurzblock und ist nicht ausreichend informativ um es als einen einzelnen Beitrag auszustrahlen.

Thema: „Kimi soll leben" (Dauer ca. 2 Minuten):

Die Aktion der Tierschutzorganisation „Vier-Pfoten" wird kurz vorgestellt. Im Mittelpunkt steht Fuchs „Kimi" das freigekauft werden soll und steht symbolisch für alle anderen Tiere auf der Welt die für Designer Mode gequält und getötet werden. Aufnahmen von den Protesten vor dem Burberry Store in Hamburg werden gezeigt sowie die Facebook-Seite der Organisation wird eingeblendet.

Positiv: Zum Ausgleich der politischen und eher stumpfen Beiträgen, wurde dieses Thema gut gewählt. Anhand der Aufnahmen von der Demonstration und von „Kimi" wurde dieser Beitrag sehenswert gestaltet. Außerdem wir anhand der Meldung auf eine Organisation aufmerksam gemacht und somit unterstützt.

Der Sportteil mit Ulrike von der Gröben startet mit den Fußballmannschaften „BVB" und „Borussia Mönchengladbach" (Dauer ca. 3 Minuten). Dabei werden Aufnahmen von den Spielen der Mannschaften gezeigt und vereinzelte Fakten aufgezählt. Außerdem wird die Tabelle der Bundesliga grafisch dargestellt. O-Ton: Trainer von Borussia Dortmund.

Sportkompakt (Dauer ca. 80 Sekunden)

- „Südafrika trauert um Nationaltorwart"
- „Marussia ist pleite"
- „Meister der Lüfte"

Positiv: Der Sportteil ergänzt die Sendung prima und ist besonders Vorteilhaft für Sportfans aber auch Sehenswert für jeden anderen Zuschauer.

Die „Sat1 Nachrichten" auf Sat1
Positive sowie Negative Bemerkungen zu bestimmten Inhalten und Schwerpunkten

---

Thema: „Streit um die Krawalle in Köln" (Dauer da. 3,5 Minuten)

Auch hier werden Aufnahmen von der Demonstration gezeigt sowie Daten und Fakten über die Demonstranten, Polizisten und Verletzten genannt. Oben rechts wird als kleine Aufzählung ein s.g. „Gewaltcocktail Köln" gezeigt. Inhalte: Gewaltbereite Hooligans, Rechtsextremisten, NPD, Die Rechte und Pro NRW. Es folgen auch hier O-Töne vom NRWs Innenminister, vom GDP-Bundesvorsitzenden sowie vom Einsatzleiter Kölns.

Positiv: Die Grafik „Gewaltcocktail Köln" wirkt erfrischend anders und durch die Auflistung der Einflussfaktoren wird dem Zuschauer verdeutlicht, welche Faktoren ebenfalls ausschlaggebend für diese gewalttätige Demonstration waren.

Thema: „Roskus gegen Arthrosen?" (Dauer ca. 2 Minuten)

Aufnahmen einer Hobbyreiterin werden gezeigt gefolgt von O-Tönen von ihr. Mithilfe einer Grafik wird die Entstehung der Krankheit beschrieben. Im O-Ton erklärt ein Kölner Orthopäde die Wirkung von Hyaluron gegen Arthrosen. Eine zusätzliche Grafik zeigt die Auswirkung der Hyaluron Spritze auf die Krankheit.

Negativ: Dieser Bericht ist in meinen Augen nicht für eine Nachrichtensendung geeignet. Solche Beiträge passen thematisch eher in ein Magazin-Format als in eine Nachrichtensendung.

2. Aufgabe 1 B (Seitenanzahl ohne Bilder: 7)

2.1. Zielgruppen der Sendungen

Die Sender unterscheiden sich in vielerlei Hinsicht und peilen je nach Inhalt und Gestaltung verschiedene Zielgruppen an. Die gestalterischen unterschiede der Sendungen werden gleich ausführlicher durchleuchtet. Zunächst einmal ein **Quotenvergleich** der vier Nachrichtensendungen vom **27.10.2014**:

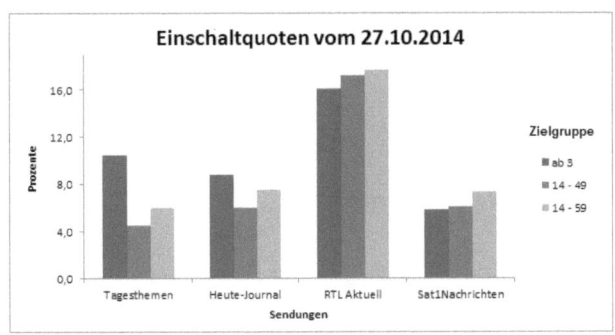

Abbildung 1: Einschaltquoten der Nachrichtensendungen vom 27.10.2014 (Quelle: http://www.dwdl.de/zahlenzentrale/)

Die Grafik spiegelt die Einschaltquoten der drei wichtigsten Zielgruppen wider: alle Zuschauer ab 3 Jahren, die Zuschauer zwischen 14 und 49 Jahren und die neue Zielgruppe, die Zuschauer ab 14 bis 59 Jahren. Ein besonderer Blickfang sind die hohen Quoten in allen drei Zielgruppen von „RTL Aktuell". Ganz im Gegenteil zu den niedrigen Quoten der „Sat1 Nachrichten" die im Vergleich in allen drei Zielgruppen am schlechtesten abschneiden. Ebenso auffällig sind die beinahe identischen Quoten der beiden öffentlich rechtlichen Sendungen. Zwar unterscheiden sich die Einschaltquoten prozentual voneinander, jedoch sind beide Sendungen in denselben Zielgruppen beliebt oder unbeliebt. Das gleiche gilt für die beiden Sendungen der privaten Sender.

Ebenso nennenswert sind die auffälligen Unterschiede der Quoten unter den Zielgruppen. Die prozentualen Unterschiede in den Zielgruppen untereinander sind bei den privaten Sendungen sehr gering. Die Erkenntnisse aus der Quotenanlayse hilft den Sendungen Zielgruppen einzuordnen. Je nachdem welche Zielgruppe die höchste Einschaltquote beschert, ist diese Zielgruppe auch Entscheider über Inhalt und Gestaltung der Sendung. Das gleiche gilt auch umgekehrt, je nach dem wie die Inhalte wiedergegeben und gestaltet werden, kann das die Zielgruppe beeinflussen.

2.2. Corporate- und Studiodesign

Das Corporate Design der „Tagesthemen"

Abbildung 2: Das Logo der Nachrichtensendung „Tagesthemen"[7]

Zum Corporate Design gehört neben der Schrift und den Farben auch das Logo[8]. Hier ist das Logo eine Wort- und Bildmarke ist in einer serifenlosen Schrift dargestellt. Das Wort „Themen" ist in dem Namen „Tagesthemen" durch Fettdruck

---

[7] Webseiten der Sender (URL: www.ard.de; www.zdf.de; www.rtl.de; www.sat1.de)
[8] Semmler, B. „Studienbrief Mediengestaltung Titel Nr. 1022-01." 2013. Riedlingen

hervorgehoben und erweckt so mehr Aufmerksamkeit. Was wahrscheinlich daran liegt, dass sich zwei weitere Nachrichtensendungen des Senders ein Corporate Design teilen. Die besondere Hervorhebung des Wortes „Themen" soll dem Zuschauer auf einem Blick verdeutlichen, dass gerade die „Tagesthemen" gezeigt werden und nicht die „Tagesschau" oder das „Nachtmagazin". Denn alle drei Logos sind mit der gleichen serifenlosen Schrift identisch designet. Zunächst das ARD Logo, gefolgt von einem Wort mit dünner Strichstärke und einem Wort in dicker Strichstärke. Die Logos werden allein durch den jeweiligen Namen der Sendung unterschieden.

Abbildung 3: Einspann der ARD Sendung „Tagesthemen" [9]

Im Einspann wird das Logo, im Hintergrund die Weltkarte, das Datum und eine Uhr angezeigt.

Abbildung 4: Screenshots von den „Tagesthemen" vom 27.10.2014 [10]

Die Bauchbinden sind sehr schlicht, gut lesbar und in Serifen Schrift gehalten (siehe Bild oben links). Zu Beginn wird Thomas Roth in der „Nah"-Aufnahme gezeigt, jedoch wird während der Sendung oft die „Amerikanische"-Aufnahme oder auch die „Totale"-

---

[9] **Abbildung 3**: Einspann der ARD Sendung „Tagesthemen" (Quelle: www.tagesschau.de)
[10] (Quelle: www.tagesschau.de)

Aufnahme gewählt[11]. Das Design der Sendung und das Studio im Ganzen ist dem Logo entsprechend in blau gestaltet. Die Farbe blau strahlt Ruhe, Tiefe und Sicherheit[12] aus und passt perfekt zur Weltkarte im Hintergrund. Besonders anschaulich sind die überaus großen Panoramabilder welche im Hintergrund zu jedem Thema neu eingestellt werden. Die Größe und schärfe der Bilder unterstreicht das moderne bzw. technisch Fortgeschrittene Studio. Das meiste an Bildern, Aufnahmen und Grafiken wird rechts vom Moderator gezeigt.

Das Corporate Design von „Heute Journal"

Abbildung 5: Das Logo der Sendung „heute journal"[13]

Bei der Betrachtung des Logos der Nachrichtensendung von ZDF ist die Ähnlichkeit mit dem Logo der „Tagesthemen" unübersehbar. Auch hier ist das Senderlogo intrigiert und hilft dem Zuschauer die Sendung dem richtigen Sender zu zuordnen. Wie bereits in dem Logo der „Tagesthemen" findet innerhalb des Logos ein Schriftwechsel statt. Während das „heute" fettgedruckt und serifenlos dargestellt wird, wird das Wort „Journal" zwar in dünner Strichstärke jedoch mit Serifen hervorgehoben. Hier wird deutlich die Aufmerksamkeit auf das „heute" gelegt, was wohlmöglich daran liegt, weil beinahe alle ZDF Nachrichtensendungen und – magazine das Wort „heute" beinhalten. Seien es die Sendung „Leute Heute", „Heute Nacht", „Heute – in Deutschland" oder „Heute – in Europa", in allen Logos ist das Wort „heute" in Fettdruck dargestellt. Somit dient nicht allein das ZDF-Logo als Markenzeichen sondern auch das Wort „heute". Auch hier werden Umrisse einer Karte (wahrscheinlich die Weltkarte) angedeutet, was die Internationalität der Sendung unterstreichen soll. Was die Farben betrifft, ist das Logo dezenter in einem

---

[11] Lankau, R.: Lehrbuch Mediengestaltung. Heidelberg. 2007, S. 211
[12] URL: http://www.froeh.li/farben/bedeutung (29.10.2014)
[13] (Quelle: Mediathek www.zdf.de)

Verlauf von hell blau bis grau gehalten. Als Blickfang dient das orangefarbene ZDF Logo oben links.

Abbildung 6: Die Logos der weiteren ZDF Nachrichtensendungen

Abbildung 7: Einspann der Sendung „heute journal"[14]

Im Einspann ist unten links ein Countdown zu sehen sowie unten mittig die Themenschwerpunkte im Wechsel. Außerdem sind ganze fünf Weltkugeln im Hintergrund eingeblendet was etwas beladen wirkt auch wenn jede Kugel eine andere perspektive zeigt. Auffällig ist, dass während der Sendung das Logo der Nachrichtensendung nirgendwo zu sehen ist, sondern nur allein Logo des Senders.

Abbildung 8: Screenshot von der Sendung „heute journal" am 27.10.2014

Das Design ist sehr einfach und mit kleinen Details gestaltet. Die primären Farben sind hellblau bis dunkelblau sowie grau und orange. Auffällig sind die vielen Linien im Hintergrund die in der Ferne verblassen und in der Mediengestaltung die Dimension

---

[14] **Abbildung 7**: Einspann der Sendung „heute journal" (Quelle: Mediathek www.zdf.de)

der Länge darstellen[15]. „Die Visuelle Wahrnehmung wird entlang der Linie geleitet, wodurch Bewegung entsteht". Im Allgemeinen werden die Farben oft verlaufen oder schattiert dargestellt.

Die Schrift in den Bauchbinden ist mit Serifen verziert und gut lesbar. Wobei die Schrift während der Schaltung nach Kiew und Donezk (siehe Bild oben rechts) keine Serifen vorweist. Auch hier werden die Aufnahmepositionen während der Sendung mehrmals gewechselt. Und im Gegensatz zu den „Tagesthemen" werden Grafiken und Aufnahmen vorwiegend links vom Moderator gezeigt. Auffällig ist hier, dass während der Anmoderation eines Beitrages komplett auf Bilder im Hintergrund oder an der Seite verzichtet wird. Im „heute-journal" wird die ganze Aufmerksamkeit dem Moderator und im Höchstfall der Weltkugel im Hintergrund gewidmet. Hierdurch könnte sich der Zuschauer während der Anmoderation ohne besonderen Medieneinsatz langweilen.

Das Corporate Design von „RTL Aktuell"

Abbildung 9: Das Logo der Nachrichtensendung „RTL Aktuell"[16]

Das „RTL Aktuell" Logo wirkt durch die Versalien Schrift dynamischer als die beiden anderen Logos und ist trotz der eng anliegenden Buchstaben gut lesbar. Auch hier ist das Sender Logo mit intrigiert und wird durch die Farbe rot hervorgehoben und wirkt energisch[17]. Wie bei den „Tagesthemen" ist das Design im Ganzen blau gehalten und setzt mit den wenigen roten Akzenten einen „Kalt-Warm-Kontrast". Als sekundäre Stilelemente werden links und rechts in einander laufende und bewegende Kästchen abgebildet. Die permanenten Bewegungen im Logo und im Hintergrund sollen Schnelligkeit und somit sinnbildlich für Aktualität stehen.

---

[15] Radtke, S. P. u.a.: Handbuch visuelle Mediengestaltung, 6. Auflage, Berlin. 2012. S. 43ff
[16] (Quelle: www.rtlnow.de)
[17] Ries, C.: Grundlagen der Mediengestaltung, 3. Auflage, Leipzig. 2008, S. 175

Außerdem wurde auch hier viel mit dem „Hell-Dunkel-Kontrast" sowie mit Schattierungen und Verläufen gearbeitet.

Abbildung 10: Die Logos weiterer Nachrichtensendungen von RTL[18]

Bei der Betrachtung der drei weiteren Nachrichtensendungen des Senders ist unübersehbar, dass alle drei Logos das gleiche Design teilen. In jedem Logo ist das RTL Logo in der Farbe rot intrigiert, die Schrift wird in Versalien abgebildet und im Hintergrund sind Weltkugeln zu erkennen. Passend zu den Ausstrahlungszeiten der Sendungen wurden bei den Morgen- und Mittagsmagazinen Mischungen aus gelb- und orangetönen gewählt wobei für die Abend- bzw. Nachtsendungen hell und dunkel blaue Töne zum Einsatz kommen. Außerdem wird das Logo stets mit dem Namen der Sendung gleichgestellt. Es steht also nie über oder unter dem Namen und wird stets hervorgehoben. Des Weiteren sind alle Schriftgrößen sehr gut lesbar, haben eine dicke Strichstärke und sind serifenlos.

Abbildung 11: Einspann der Sendung „RTL Aktuell"[19]

Der Einspann der Sendung ist besonders sehenswert und durch die digitalen Mitteln sehr aufwendig realitätsnah gestaltet. Die Sendung beginnt auch hier zunächst mit einem Countdown, wobei die Kamera so eingefahren wird, dass das komplette

---

[18] **Abbildung 10**: Die Logos weiterer Nachrichtensendungen von RTL (Quelle: www.rtlnow.de)

[19] (Quelle: www.rtlnow.de)

Studio einmal von rechts nach links bis zum Moderator eingeblendet wird. Nachdem die Themenschwerpunkt kurz benannt wurden, wechselt das Bild zum Einspann. Hier wird als erstes die Weltkugel gezeigt (rechts oben) wobei Namen von großen und vor allem internationalen Städten gezeigt werden. Daraufhin wird dem Zuschauer das Gefühl gegeben, mit der Kamera über Europa zu fliegen. Dabei werden Städte wie Istanbul, Rom und letztendlich Köln auf der Karte gezeigt. Zum Schluss fährt die Kamera durch das Gebäude von RTL bis zu den Moderatoren. Dieser Einspann ist mit Abstand das aufwendigste und anschaulichste was das deutsche Fernsehen Tag täglich bietet.

Abbildung 12: Screenshots von der Sendung „RTL Aktuell" vom 27.10.2014[20]

Die bereits erwähnten sekundären Stilelemente sind nicht nur im Logo eingesetzt worden sondern begleiten alle schriftlichen Einsätze in der Sendung. Seien es Baubinden, Logos im Hintergrund oder beim Countdown zu beginn der Sendung. Im Allgemeinen wirkt das Studio sehr hell, transparent und durch die digitalen Gebäuden im Hintergrund, sehr futuristisch.

Das Corporate Design von „Sat1Nachrichten"

Abbildung 13: Das Logo der „Sat1Nachrichten"[21]

---

[20] **Abbildung 12:** Screenshots von der Sendung „RTL Aktuell" vom 27.10.14 (Quelle: www.rtlnow.de)

Das Logo der Nachrichtensendung von Sat1 ist eher schlicht und dezent gehalten. Außer das intrigierte Sender-Logo sind keinerlei Merkmale gegeben. Weder bestimmte Wortspiele, Hervorhebungen oder sekundäre Stilelemente die neben dem Logo als „Markenzeichen" dienen könnten. Das Logo ist auch hier mittig und linksbündig angesetzt und dient als zentraler Anker. Neben dem schlichten Design ist auch die Wortwahl eher einfach jedoch treffen gehalten.

Neben „Tagesthemen", „HeuteJournal" und „Aktuell" ist das Wort „Nachrichten" ernüchternd gewöhnlich. Die primären Farben der Sendung sind Blau- und Grautöne, wobei gelb und rot als Akzente zu den sekundären Farben der Sendung gehören.

Abbildung 14: Das Logo von „Das Sat1 Frühstücksfernsehen"[22]

Als weitere tägliche Nachrichtensendung bietet Sat1 allein „Das Frühstücksfernsehen" an. Im Gegensatz du den anderen drei Sendern bietet Sat1 auch kein tägliches Nachtmagazin an. Das Logo des Morgenagazins ähnelt dem Logo der abendlichen Nachrichtensendung in keiner Weise. Somit teilen beide Sendungen kein einheitliches Logodesign, im Gegenteil alle Elemente sind unterschiedlich. Es werden natürlich andere Farben benutzt, aber auch die Schrift ist anders, bzw. wird beim „Frühstücksfernsehen" komplett auf die Versalien Art verzichtet. Stattdessen werden bis auf den Sendernamen alle Wörter in Kleinbuchstaben geschrieben. Ein Corporate Design wird hier nicht angewandt.

---

[21] **Abbildung 13:** Das Logo der „Sat1Nachrichten" (Quelle: www.sat1.de)
[22] **Abbildung 14:** Das Logo von „Das Sat1 Frühstücksfernsehen" (Quelle: www.sat1.de)

Abbildung 15: Screenshots von der Sendung „Sat1 Nachrichten" am 27.10.2014[23]

Im Vergleich zu den anderen Nachrichtensendungen wirkt dieses Studio am Kleinsten. Außerdem werden Aufnahmen von weiterer Entfernung vermieden. Die Farben im Studio grau, unschattiert und nicht sehr transparent dargestellt. Dadurch wirkt das Studiodesign auch nicht hell erleuchtet oder technisch Fortgeschritten. Die Grafiken sind zwar anschaulich aber nicht besonders packend. Auffällige Stilelemente oder Effekte sind ebenfalls nicht erkennbar.

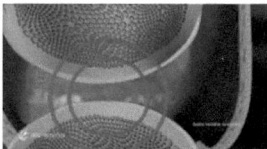 

Abbildung 16: Grafiken aus der Sendung vom 27.10.2014[24]

Nach ausführlicher Analyse der vier verschiedenen Studiogestaltungen und Corporate Designs ist festzuhalten, dass drei von vier Sendern das gleiche Konzept verfolgen. Denn ARD, ZDF und RTL verwenden für all ihre Nachrichtenformate einheitliche Designs, Corporate Designs. Das Corporate Design erhöht die Effizienz, vereinheitlicht die Ergebnisse, spart den Arbeitsaufwand und einige Kosten[25.] Des Weiteren Vertreten alle Sendungen eine bestimmte Identität und Qualität. So wird ein Fan der Sendung „Tagesschau" die gleiche Qualität bei der Sendung „Tagesthemen" erwarten und im Idealfall auch erhalten. Das Logodesign dient somit auch als Erwartungsträger. Außerdem hilft sie dem Zuschauer die Sendung schneller dem Sender zuzuordnen.

Fassen wir zusammen, ein gutes Design ist...

---

[23] **Abbildung 15**: Screenshots von der Sendung „Sat1 Nachrichten" vom 27.10.14 (Quelle: www.sat1.de)

[24] **Abbildung 16**: Grafiken aus der Sendung vom 27.10.14 (Quelle: www.sat1.de)

[25] Wäger, M.: Grafik und Gestaltung, Bonn 2010, S 133

…innovativ, ehrlich, unaufdringlich, ästhetisch, langlebig, konsequent bis ins letzte Detail, umweltfreundlich, macht ein Produkt brauchbar und verständlich und konzentriert sich auf das wesentliche.

3. Aufgabe 1 C

3.1. Moderatoren[26]

Moderation der „**Tagesthemen**" vom 27.10.2014:

Thomas Roth (Geb. 1951)

Thorsten Schröder (Geb. 1967)

Thomas Roth war vor seiner jetzigen Tätigkeit hauptsächlich Korrespondent und Studioleiter in verschiedenen Städten wie Johannesburg, Moskau oder New York. Erst im Jahre 2013 löste er Tom Buhrow als Moderator der „Tagesthemen" ab. Thorsten Schröder hingegen arbeitete in der Vergangenheit hauptsächlich für NDR und ist seit sieben Jahren als Moderator bei der ARD tätig.

Moderation der Sendung „**HeuteJournal**" vom 27.10.2014:

Claus Kleber (Geb. 1955)

Gundula Gause (Geb. 1965)

Claus Kleber berichtete 15 Jahre lang bei der ARD als Korrespondent und moderiert nun seit 2003 das „HeuteJournal" von ZDF und ist somit ein bekanntes Gesicht im öffentlich rechtlichen Fernsehen. Frau Gause hingegen moderierte in ihrer Anfangszeit bei einem privaten Radiosender sowie bei Sat 1. 1989 wurde sie zur

---

[26] Webseiten der Sender (URL: www.ard.de; www.zdf.de; www.rtl.de; www.sat1.de)

Nachrichtensprecherin von „heute" und ist seit 1993 Co-Moderatorin im „heute journal".

Moderation der Sendung „**RTL Aktuell**" vom 27.10.2014

Peter Kloeppel (Geb. 1958)   **Ulrike von der Groeben (Geb. 1957)**

Peter Kloeppel ist wohl das bekannteste bzw. älteste Fernsehgesicht im Vergleich zu den restlichen Moderatoren. Denn er ist am längsten als Nachrichtensprecher - für den gleichen Sender - beschäftigt. Denn bereits 1992 begann er als Anchorman bei „RTL Aktuell" und war von 2004 bis 2014 als RTL-Chefredakteur tätig. Ulrike von der Groeben war Anfangs als Redakteurin und Moderatorin des RTL (damals RTLplus) Frühmagazines tätig. 1989 begann sie als Redakteurin für „RTL Aktuell" zu arbeiten und wurde später zur Moderatorin.

Moderation der Sendung „**Sat1Nachrichten**" vom 27.10.2014

Marc Bator (geb. 1972)

Der alleinige Moderator der Sendung, Marc Bator ist der jüngste in der Runde, kann jedoch trotzdem beachtliche Erfahrungen vorweisen. Ganze 13 Jahre war er als Moderator der ARD „Tagesschau" tätig bis er 2013 zum Chef-Moderator der „Sat1Nachrichten" ernannt wurde.

Es kann festgehalten werden, dass alle Moderatoren bereits viele Jahre Erfahrungen im Bereich „Nachrichtensendungen" vorweisen können. Wobei alleine „RTL Aktuell" seit mehr als 20 Jahren von den gleichen Moderatoren präsentiert wird. Die

Konstellation weibliche und männliche Moderatoren zu kombinieren, ist meines Erachtens erfrischend und übermittelt die richtige Botschaft. Ob die Wahl der Geschlechter von der Zielgruppe beeinflusst wird kann ich nicht 100 prozentig deuten. Jedoch liegt das Durchschnittsalter der genannten Moderatoren bei 51 Jahren und liegt damit leicht über dem Alter von Herrn Bator, der das Durchschnittsalter sprengt. Im Allgemeinen ist zu bemerken, dass alle Moderatoren eine gewisse Reife, Erfahrung und somit auch Vertrauen ausstrahlen. Gleichzeitig ist zu erwähnen, dass die Moderatoren der öffentlich rechtlichen Sendungen durch die Kleidung und Mimik etwas strenger wirken als die Moderatoren vom privaten Fernsehen

3.2. Filmbeiträge

Die meisten Sendungen haben für fast alle Beiträge Filmaufnahmen verwendet. Diese wurden oft mit Interviews und Grafiken kombiniert. Große qualitative oder gestalterische unterschiede sind dabei nicht aufgefallen.

3.3. Korrespondenten

Was die Korrespondenten betrifft, wurden nur in zwei von vier Nachrichtensendungen Korrespondenten aus anderen Städten oder Ländern hinzu geschaltet. Bei den „Tagesthemen" wurde zum Thema „Wahlen in der Ukraine" ein Korrespondent aus Kiew zur Sendung hinzu geschaltet. Er berichtete u.a. über die Wahlbeteiligungen. Des Weiteren wurde zum Thema „Hooligans in Köln" zwar kein Korrespondent jedoch der Bundesinnenminister Dr. Thomas de Maizière für Fragen eingeblendet. Auch im „Heute Journal" wurde Korrespondent Valerie Haller aus Frankfurt am Main zum Thema „Geschäftsklimaindex" hinzu geschaltet. Sie erklärte welche Faktoren das gesunkene Geschäftsklima beeinflussten und kritisierte gleichzeitig die Bundesregierung. Durch Schaltungen von Korrespondenten wirken die Nachrichtenbeiträge aktueller und erhöhen die Wichtigkeit des Themas. Auch hier sind keine großen Unterschiede aufgefallen, bis auf die Tatsache, dass „RTL Aktuell" und die „Sat1 Nachrichten" am 27.10.14 keine Korrespondenten für die Sendung einsetzten.

3.4. Länge der Beiträge

Zum vereinfachten Vergleich zeigt die nachfolgende Grafik die Durchschnittslängen der Beiträge (ausgenommen von den Kurzblöcken und Wetterberichten):

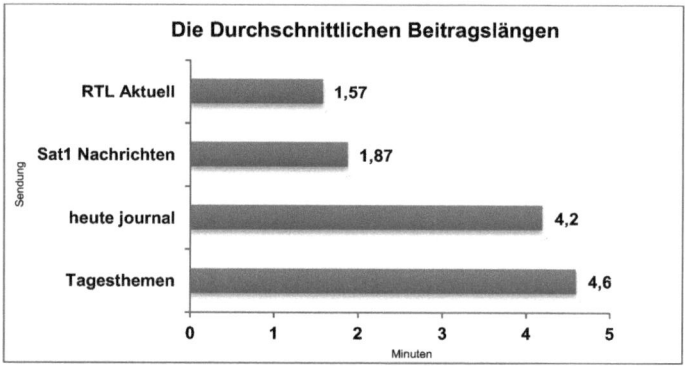

Abbildung 17: Die Durchschnittlichen Beitragslängen (Quelle: Mediatheken der Sender, Eigen Darstellung)[27]

Auf dem ersten Blick fällt auf, dass „RTL Aktuell" mit 1,57 Minuten im Durchschnitt die kürzeste Beitragslänge vorweist. Dicht gefolgt von der durchschnittlichen Beitragslängen der „Sat1 Nachrichten", welche 1,87 Minuten dauern. Bei den öffentlich rechtlichen Sendungen ist die durchschnittliche Beitragslänge mit über 4 Minuten im Schnitt um einiges höher. Dass „RTL Aktuell" die kürzeste Beitragslänge im Durchschnitt hat könnte daran liegen, dass die komplette Sendezeit von „RTL Aktuell" nur 20 Minuten beträgt und diese noch mit dem Sportteil und dem Wetterbericht geteilt wird. Als erste Vermutung könnte man davon ausgehen, dass die privaten Sendungen eher auf Quantität als auf Qualität achten würden, sprich viele Beiträge in kürzester Zeit. Doch vergleicht man die Beitragsmengen der einzelnen Sendungen führen das „heute journal" und „RTL Aktuell" mit jeweils 16 und 14 Beiträgen pro Sendung. Um einiges weniger, zeigten die „Tagesthemen" und die „Sat1 Nachrichten" allein10 und 11 Beiträge pro Sendung.

---

[27] **Abbildung 17:** Durchschnittlichen Beitragslängen (Quelle: Mediatheken der Sender, Eigen Darstellung)

4. Fazit

Die Ergebnisse der Aufgaben haben ergeben, dass sich die Sendungen viele Gemeinsamkeiten teilen aber sich ebenso gut durch einige Ungleichheiten unterscheiden lassen. In diesem Punkt sind die Unterschiede zwischen der Sendung „Sat1 Nachrichten" und den restlichen drei Nachrichtensendungen groß, denn die „Tagesthemen", das „heute journal" und „RTL Aktuell" sind sich im Aufbau und in der Gestaltung ziemlich ähnlich. Wobei die Nachrichtensendung von Sat1 durch Ungleichheiten auffällt. Beispielsweise verzichtet „Sat1 Nachrichten" auf einen Countdown zur Beginn der Sendung sowie auf die kurze Benennung der Themenschwerpunkte zum Einstieg. Des Weiteren scheinen sich die Sat1-Nachrichtensendungen kein einheitliches Design zu teilen, im Gegensatz zu den Nachrichtensendungen der Konkurrenzsender. Hinzu kommt, dass das Studio der „Sat1 Nachrichten" nicht besonders modern wirkt sondern eher dunkel als hell erleuchtet sowie klein und effektlos. Hinsichtlich der Moderation ist zu erwähnen, dass die restlichen drei Sendungen von jeweils zwei Moderatoren präsentiert werden, wobei die „Sat1 Nachrichten" täglich nur von einem Moderator oder von einer Moderatorin durchgeführt wird.

Im Allgemeinen ist jeder Nachrichtensendung zu empfehlen das Studio großräumig, hell und technisch sowie gestalterisch Fortgeschritten zu gestalten. Die Farbauswahl ist je nach Sender und Sendung unterschiedlich und sollte dem Corporate Design entsprechen sowie mit der Seriosität einer Nachrichtensendung übereinstimmten. Außerdem sollte es nicht an Bild- oder Videomaterialen mangeln, denn umso mehr Veranschaulichungsmaterial zur Verfügung steht umso unterhaltsamer und authentischer wirkt der Nachrichtenbeitrag. In dieser Hinsicht fehlte es dem „heute journal" an Bildmaterialien, besonders im Kurzblock. Im Gegensatz zu den „Tagesthemen" und „RTL Aktuell" die mit Bildmaterialien und Grafiken in HD-, 3D-sowie Panoramaformaten nicht geizten. Ausnahmslos nutze jede Sendung die Weltkugel oder die Weltkarte im Hintergrund oder im Logo um die Verknüpfung zum Internationalen Nachrichtengeschehen zu symbolisieren. Denn Haupteigenschaften einer guten Nachrichtensendung sind Aktualität, Internationalität, Seriosität, Vertrauen sowie Information und Unterhaltung im einen.

Literatur- und Quellenverzeichnis

(o.V.) **IfD Allensbach:** „Allensbacher Markt- und Werbeträger-Analyse – AWA 2014".
Juli 2014

Lankau, R.: *Lehrbuch Mediengestaltung.* Heidelberg. 2007, S. 211

Radtke, S. P. u.a.: *Handbuch visuelle Mediengestaltung,* 6. Auflage, Berlin. 2012, S.
43ff

Ries, C.: *Grundlagen der Mediengestaltung,* 3. Auflage, Leipzig. 2008, S. 175

Semmler, B.: „*Studienbrief Mediengestaltung Titel Nr. 1022-01.*" Riedlingen. 2013,
S.

Wäger, M.: „*Grafik und Gestaltung*". Bonn. 2010, S 133

Internetquellenverzeichnis

Mediatheken der Sender

(O.V.) **ARD.** URL: www.ard.de (27.10.2014)

(O.V.) **RTL.** URL: www.rtl.de sowie www.rtlnow.de (27.10.2014)

(O.V.) **Sat1.** URL: www.sat1.de (27.10.2014)

(O.V.) **ZDF.** URL: www.zdf.de (27.10.2014)

Weitere:

(O.V.) **DWDL.** URL: http://www.dwdl.de/zahlenzentrale/ (03.11.2014)

(O.V.) "Die Farben und ihre Wirkung". URL: http://www.froeh.li/farben/bedeutung
(29.10.2014)